KHUD ME WAPAS

EK MUKAMMAL SAFAR

Rajnish Sharma

BookLeaf Publishing
India | USA | UK

Made with ❤ on the BookLeaf Publishing Platform
www.bookleafpub.in
www.bookleafpub.com

Dedication

यह किताब —उन सभी के लिए —जो किसी रात –
टूट गए थे,पर अगली सुबह —फिर उठे

उन हाथों के लिए —जो किसी का हाथ थामे रहे –
जब तक थाम सके,और जब छूट गया –
तो ख़ुद को थामना —सीखा।

उन आँखों के लिए —जिन्होंने रात के तीन बजे –
छत को देखा है —जवाब ढूँढते हुए।

और सबसे ज़्यादा —उस इंसान के लिए –
जो यह किताब —अभी पढ़ रहा है –

क्योंकि तुमने —दर्द में भी –
उम्मीद नहीं छोड़ी –
और यही —सबसे बड़ी —हिम्मत है।

—रजनीश शर्मा

Preface

कुछ किताबें लिखी नहीं जातीं –जी जाती हैं।

यह किताब भी ऐसी ही है।

यह शब्द उन रातों, सुबहों और खामोश लम्हों से निकले हैं, जब भीतर अकेलापन गूंजता था। मैंने इसे शायर बनने के लिए नहीं, बल्कि अपने सच को समझने और जीने के लिए लिखा है और शायद यह तुम्हारे दिल तक भी पहुँचे।

जब कोई अपना चला जाता है, वह अपने साथ हमारा एक हिस्सा भी ले जाता है। हम आईने में खुद को पहचानना भूल जाते हैं। यहीं से "खुद से वापस" का सफर शुरू होता है, दर्द से, टूटन से, फिर उठने की कोशिशों से गुजरते हुए, आखिर खुद से मोहब्बत तक पहुँचता है।

यह सिर्फ मेरी कहानी नहीं, शायद तुम्हारी भी है। यह किताब जवाब नहीं देती, यह साथ देती है, यह एहसास दिलाती है कि तुम अकेले नहीं हो। जो टूटा है, वह जुड़ सकता है, बस खुद तक लौटने की देर है।

— रजनीश शर्मा

उस रात के बाद – जो गुज़र गई।

Acknowledgements

यह किताब लिखना अकेले का सफ़र नहीं था। दर्द भले अकेले झेला, पर कुछ लोग, एहसास और लम्हे थे जिन्होंने इन शब्दों को जन्म दिया। उस टूटन का भी शुक्रिया क्योंकि उसी ने यह किताब बनाई।

उन अजनबियों का आभार, जिनकी कविताओं ने संभाला, मिर्ज़ा ग़ालिब ने दर्द को खूबसूरती से कहना सिखाया, कबीर दास ने सच्चाई का रास्ता दिखाया, और हरिवंश राय बच्चन ने जीवन के हर घूँट का अर्थ समझाया।
दोस्तों का धन्यवाद, जो बिना सवाल साथ बैठे रहे।

उस पाठक को, जो यह किताब पढ़ रहा है।तुमने यह किताब उठाई, इसका मतलब है, तुम भी किसी सफ़र पर हो। शायद दर्द में हो, शायद ठीक हो रहे हो, शायद ख़ुद को ढूँढ रहे हो। जो भी हो, यह किताब तुम्हारी है। तुम्हारे हर उस लम्हे के लिए, जो तुमने अकेले जिया, यह किताब एक साथी है।

और आख़िर में, ख़ुद को।उन रातों के लिए, जब उठना मुश्किल था, पर उठे। उन सुबहों के लिए, जब मुस्कुराना झूठ लगता था, पर मुस्कुराए। उस हिम्मत के लिए, जो दिखती नहीं थी, पर थी।यह किताब, उसी हिम्मत का नाम है।

शुक्रिया, हर उस लम्हे का, जिसने मुझे, मुझ तक, वापस लाया।
— रजनीश शर्मा

1. तुम चले गए

तुम चले गए –
पर तुम्हारी आदतें अभी भी रुकी हैं मेरे घर में,
वो कोने वाली कुर्सी – जहाँ तुम बैठते थे,
आज भी तुम्हारा इंतज़ार करती है चुपचाप।

चाय के दो कप निकालने की आदत,
अभी नहीं गई मेरी –
रोज़ भूल जाता हूँ कि,
अब सिर्फ़ एक की ज़रूरत है।

खिड़की वही है,
धूप वही आती है,
पर जो रोशनी तुम लाते थे –
वो किसी खिड़की से नहीं आती।

तुम चले गए –पर जाते-जाते छोड़ गए,
एक ऐसा सूनापन –
जो हर भरी महफ़िल में भी,
मेरे साथ बैठा रहता है।

2. रात के तीन बजे

रात के तीन बजे —जब दुनिया सोती है
और मैं जागता हूँ —
तुम्हारी याद आती है —
बिन बुलाए, बिन दस्तक दिए।

फ़ोन उठाता हूँ —
तुम्हारा नाम ढूँढता हूँ —
फिर याद आता है —
कुछ नाम अब सिर्फ़ यादों में रहते हैं।

रात के तीन बजे —
न नींद आती है, न तुम आती हो —
बस एक बेचैनी है —
जो सीने में घर कर गई है।

और जब सुबह होती है —
दुनिया से मुस्कुराकर कहता हूँ —
"हाँ, ठीक हूँ" —
रात के तीन बजे का राज़ —सिर्फ़ मैं जानता हूँ।

3. वो आख़िरी शाम

वो आख़िरी शाम –
जब वो दरवाज़े पर खड़ी थी –
कितनी बातें थीं मेरे पास –
पर होंठ सिल गए थे।

कहना था – "मत जाओ" –कहना था –
"तुम्हारे बिना मुश्किल होगा" –
पर जो कहा –वो था बस –
"ठीक है, जाओ।"

अब हर रात सोचता हूँ –
काश वो एक पल और रुकती –
काश मैंने एक लफ़्ज़ और कहा होता।

पर "काश" से –न वक़्त लौटता है –
न वो लम्हा –जो हाथ से रेत की तरह –
फिसल गया था उस शाम।

4. तुम्हारी ख़ुशबू

बाज़ार की भीड़ में –
अचानक वही ख़ुशबू आई –
और मैं वहीं रुक गया –
जैसे वक़्त थम गया हो।

वो परफ़्यूम उसका था –
किसी और ने लगाया था –
पर मेरी आँखें –
उसे ही ढूँढने लगीं भीड़ में।

तुम्हारा पुराना दुपट्टा –
अभी भी रखा है अलमारी में –
कभी-कभी निकालता हूँ –बस महसूस करने के लिए –
कि तुम थीं –यह सब ख़्वाब नहीं था।

ख़ुशबू का यही दर्द है –
यादों को आँखों से नहीं –
साँसों से जगाती है –और जब जगाती है –
तो पूरा वजूद –हिल जाता है।

5. माँ को कैसे बताऊँ

माँ का फ़ोन आता है —"खाना खाया बेटा?" —
और मैं रो देना चाहता हूँ —
पर हँसकर कहता हूँ —
"हाँ माँ, खा लिया।"

माँ को कैसे बताऊँ —
कि जिसे तू पसंद करती थी —वो चली गई —
कि जिसके लिए तूने दुआएँ माँगी थीं —
उसने दुआओं को ठुकरा दिया।

माँ को कैसे बताऊँ —
कि तेरा बेटा टूटा हुआ है —
कि रात को नींद नहीं आती —
कि सुबह उठने की —वजह ढूँढनी पड़ती है।

इसलिए चुप रहता हूँ —माँ की आवाज़ सुनता हूँ —
आँखें भर आती हैं —पर आवाज़ को मज़बूत रखता हूँ —
क्योंकि माँ की चिंता —मेरे दर्द से —
ज़्यादा भारी है।

6. धीरे-धीरे दूर

उसने छोड़ा नहीं एक दिन में –
रोज़ थोड़ा-थोड़ा चली गई –
इतने धीरे-धीरे –
कि पता भी न चला।

पहले बातें कम हुईं –
फिर बातों में गर्माहट कम हुई –
फिर सिर्फ़ शब्द बचे –
खोखले, बेजान शब्द।

मोमबत्ती की तरह बुझी वो –
एक झटके में नहीं –
पहले लौ काँपी –फिर धुआँ उठा –
फिर अँधेरा।

और मैं उस अँधेरे में बैठा –सोचता रहा –
कि शायद लौ फिर जलेगी –
पर जो मोमबत्ती –पूरी तरह जल चुकी हो –
वो दोबारा नहीं जलती।

7. रोना भी नहीं आता

पहले रोता था –
तो हल्का लगता था –
आँसू बहते थे –
तो लगता था दर्द भी बह रहा है।

पर अब आँसू नहीं आते –इतना रोया हूँ –
कि आँसू भी थक गए हैं मुझसे –
जैसे बादल इतना बरस जाए –
कि ख़ाली हो जाए।

दोस्त कहते हैं –
"रो लो, हल्के हो जाओगे" –
पर उन्हें कैसे बताऊँ –
कि अब रोना भी नहीं आता।

सुन्न हूँ – बिल्कुल सुन्न –यह सुन्नपन –
दर्द से भी ज़्यादा तकलीफ़देह है –
क्योंकि दर्द में एहसास होता है –
सुन्नपन में –कुछ भी नहीं।

8. ग़लत इंसान, सही मोहब्बत

मोहब्बत मेरी सच्ची थी –
इसमें कोई शक नहीं –
बस दरवाज़ा ग़लत था –
जो मैंने खटखटाया।

दिल पूरा दिया था –
कोई कोना नहीं बचाया –
सोचा था इतनी सच्चाई –
कोई ठुकराएगा नहीं।

फूल सही था – ज़मीन ग़लत थी –
इसलिए खिल न सका –
मोहब्बत सही थी – इंसान ग़लत था –
इसलिए टिक न सकी।

अब समझ आता है –
ग़लती मोहब्बत की नहीं थी –
ग़लती मेरी भी नहीं थी –
बस दो रास्ते थे –

जो कभी एक नहीं हो सकते थे –
और मैं ज़िद में –
उन्हें जोड़ने की कोशिश –
करता रहा।

9. आदत थे तुम

अब समझ नहीं आता —तुमसे प्यार था –
या तुम्हारे होने की आदत –
दोनों इतने घुले-मिले थे –
कि फ़र्क़ करना मुश्किल है।

सुबह उठकर पहला ख़याल तुम्हारा –
रात को सोने से पहले –
आख़िरी बात तुम्हारी –
यह प्यार था या आदत —आज तक नहीं जान पाया।

आदत और मोहब्बत —दोनों का जाना –
एक जैसा दर्द देता है —फ़र्क़ सिर्फ़ इतना –
मोहब्बत दिल से जाती है —आदत –
ज़िंदगी के हर कोने से —धीरे-धीरे।

10. शहर वही है

शहर वही है – गलियाँ वही हैं –
वो मोड़ भी वही है –
जहाँ वो पहली बार मिली थी –
बस वो नहीं है –इस मंज़र में।

वो कैफ़े –जहाँ घंटों बैठते थे –
आज भी वैसा ही है –
वही कुर्सियाँ, वही मेज़ –
बस उस कुर्सी पर –कोई और बैठा है।

बारिश की वो सड़क –
जहाँ उसने हाथ थामा था –
आज फिर बारिश है –
सड़क भीगी है –पर हाथ ख़ाली है।

सोचता हूँ – शहर छोड़ दूँ –
पर जानता हूँ –यादें साथ आएँगी –
क्योंकि यादों का कोई पता नहीं –
वो शहर में नहीं –साँसों में बसती हैं।

11. उसने नहीं चुना

उसने नहीं चुना मुझे –
और उस दिन से –
मैं ख़ुद को भी –
कम चुनने लगा।

सोचने लगा –
काश थोड़ा और अच्छा होता –
काश थोड़ा और कमाता –
काश थोड़ा और –वो होता जो वो चाहती थी।

उसने एक बार नहीं चुना –
पर मैंने रोज़ ख़ुद को नहीं चुना –
यह ज़्यादा बड़ा ज़ख़्म था –
जो मैंने ख़ुद को दिया।

आज समझता हूँ –
उसका न चुनना उसका फ़ैसला था –
पर ख़ुद को न चुनना –मेरी ग़लती थी –
और यह ग़लती –मैं अब –नहीं दोहराऊँगा।

12. फिर भी सुबह होती है

रात कितनी भी लंबी हो –
सुबह को किसी ने नहीं रोका अभी तक –
यह बात छोटी लगती है –
पर इसी बात ने मुझे बचाया है।

वो रातें –
जब लगा था अब नहीं निकलूँगा –
वो रातें भी गुज़री –और सुबह आई –
बिना पूछे, बिना रुके।

उसके जाने के बाद –
पहली सुबह सबसे मुश्किल थी –
बिस्तर से उठना –पहाड़ चढ़ने जैसा लगा –
पर उठा – काँपते पाँवों से – उठा।

यही एक क़दम –सबसे ज़रूरी था –
क्योंकि जो सुबह उठ खड़ा होता है –
दर्द उसका कुछ नहीं बिगाड़ सकता –
रात चाहे जितनी भारी हो –सुबह हमेशा आती है।

13. माफ़ किया – ख़ुद को

उसे माफ़ करना –
उतना मुश्किल नहीं था –
जितना मुश्किल था –
ख़ुद को माफ़ करना।

ख़ुद को कोसता रहा –
"काश मैंने यह न कहा होता" –
"काश मैं थोड़ा और बेहतर होता" –
यह "काश" –सबसे ज़हरीला लफ़्ज़ है।

एक दिन आईने के सामने खड़ा हुआ –
और ख़ुद से कहा –"तूने जो किया –
उस वक़्त के हिसाब से सही किया –
तू इंसान था – ग़लतियाँ हुईं –पर तू बुरा नहीं था।"

उस एक पल में –एक बोझ उतरा –
जो सालों से कंधों पर था –
ख़ुद को माफ़ करना –
सबसे बड़ी इबादत है –जो मैंने आज तक की।

14. तुम्हें जाने दिया

तुम्हें जाने दिया –
इसलिए नहीं कि प्यार नहीं था –
इसलिए कि –
ख़ुद को बचाना था।

तुम्हें थामे रखता –
तो ख़ुद को खोता रहता –
तुम्हारी ख़ुशी के लिए –
अपनी ख़ुशी गिरवी रखता रहता।

जाने देना –हार नहीं थी –
यह सबसे मुश्किल जीत थी –
क्योंकि जो दिल के सबसे क़रीब हो –
उसे जाने देना –दुनिया का सबसे भारी काम है।

खुले हाथों से जाने दिया तुम्हें –
उन्हीं खुले हाथों से –अब ख़ुद को थामूँगा –
क्योंकि जो हाथ किसी को जाने दे सकते हैं –
वो हाथ ख़ुद को सँभालने के लिए –काफ़ी हैं।

15. अकेले चलना सीखा

पहले दो क़दम चलते थे –
साथ-साथ, हाथ थामे –
अब एक ही क़दम है –
पर यह क़दम मेरा अपना है।

अकेले चलने में –एक आज़ादी है –
जो साथ चलने में कभी नहीं मिली –
रुकना हो तो रुको –
भागना हो तो भागो –कोई हिसाब नहीं।

अकेले चलना –कमज़ोरी नहीं है –
यह वो ताक़त है –
जो दर्द ने दी –
जो बिछड़ने ने दी –

अब हर क़दम मेरा अपना है –
और इस अपनेपन में –
एक सुकून है –
जो पहले कभी नहीं था।

16. छोटी-छोटी ख़ुशियाँ

ठीक होने की शुरुआत –
किसी बड़े पल से नहीं हुई –
एक दिन बस चाय अच्छी लगी –
और पता चला – ठीक हो रहा हूँ।

वो पहली सुबह –
जब अख़बार पढ़ते हुए मुस्कुराया –
उस मुस्कान ने बताया –
कि अभी सब ख़त्म नहीं हुआ।

छोटी-छोटी ख़ुशियाँ –
बड़े दर्द की सबसे अच्छी दवा हैं –
कोई एक बड़ा पल नहीं आता ठीक करने –
ज़िंदगी छोटे-छोटे लम्हों में –

चुपके से वापस आती है –
और एक दिन अचानक –
एहसास होता है –
कि हाँ – अब ठीक हूँ।

17. वो भी गुज़र गया

वो रात भी गुज़री –
जिसमें लगा था अब नहीं बचूँगा –
वो दिन भी गुज़रा –
जिसमें साँस लेना भी मुश्किल था।

तूफ़ान आया था – ज़ोरदार, बेरहम –
पर तूफ़ान भी थमा –
बारिश आई – वो भी रुकी –
हर वो चीज़ जो हमेशा लगी –वो भी गुज़र गई।

अब जब भी कोई मुश्किल रात आती है –
एक बात याद दिलाता हूँ ख़ुद को –
"वो भी गुज़र गया था –यह भी गुज़र जाएगा" –
और इसी एक बात में इतनी ताक़त है –

कि हर अँधेरी रात में –एक दीया जल जाता है।

18. मैं भी ज़रूरी हूँ

बरसों तक –
उसकी ख़ुशी के लिए ख़ुद को मिटाता रहा –
उसकी पसंद, उसकी ख़्वाहिश –
सब पहले था – मैं हमेशा बाद में।

एक दिन ख़ाली होते-होते –
इतना ख़ाली हो गया –
कि ख़ुद को ढूँढने निकला –
तो पता चला –मैं तो कहीं था ही नहीं।

उस दिन से एक बात –
रोज़ ख़ुद से कहता हूँ –"तू भी ज़रूरी है –
तेरी थकान भी मायने रखती है –
तेरी ख़ुशी भी उतनी ही अहम है।"

दूसरों का ख़याल रखना ख़ूबी है –
पर ख़ुद को भूल जाना कमज़ोरी है –
अब बारी है ख़ुद की –
अब पहले मैं –बाकी सब बाद में।

19. अपनी तरह जीना

बहुत जिया —दूसरों की उम्मीदों के बोझ तले —
बहुत चला —दूसरों के बताए रास्तों पर
—अब जीऊँगा अपनी तरह —
भले दुनिया को समझ न आए।

उसने कहा था — "तुम ऐसे क्यों हो" —
और मैं बदलता रहा —
ख़ुद को मिटाता रहा —
उसकी पसंद के साँचे में ढलता रहा।

जो मुझे मेरी तरह क़बूल करे —
वही मेरा है —
बाकी दुनिया को जवाब देना बंद किया —
आज से अपनी तरह जीना शुरू किया —

क्योंकि जो ख़ुद को छोड़कर —
सबको ख़ुश करे —वो एक दिन —
ख़ुद से इतना अजनबी हो जाता है —
कि आईने में पहचान नहीं आता।

20. वो तुम नहीं – यह मैं हूँ

बहुत देर तक –
तुम्हारी नज़रों से देखा ख़ुद को –
तुम्हारी पसंद की कसौटी पर –
परखता रहा ख़ुद को।

जब तुमने कहा – "तुम काफ़ी नहीं हो" –
तो मान लिया –
धीरे-धीरे तुम्हारी हर बात –
मेरी सच्चाई बन गई।

पर एक दिन तुम्हारा आईना तोड़ दिया –
अपना आईना ख़ुद बनाया –और पहली बार ख़ुद को –
अपनी नज़रों से देखा –जो दिखा वो काफ़ी था –
जो दिखा वो अधूरा नहीं था।

तुम्हारी नज़र –
मेरी आख़िरी सच्चाई नहीं थी –
मैं वो नहीं जो तुमने देखा –मैं वो हूँ जो मैंने –
ख़ुद को आज देखा –
और जो देखा –मुझे पसंद आया।

21. ख़ुद में वापस

बहुत भटका – बहुत टूटा –
बहुत रोया उन रातों में –
जब दुनिया सोती थी –
पर आख़िरकार –ख़ुद में वापस आ गया।

उसके जाने ने तोड़ा ज़रूर –
पर उसी टूटन ने –वो दरवाज़ा खोला –
जो मैंने ख़ुद पर –
बरसों से बंद कर रखा था।

दर्द बेकार नहीं गया –हर आँसू ने कुछ सिखाया –
हर रात ने कुछ दिया –हर ज़ख़्म ने एक परत हटाई –
और भीतर से एक इंसान निकला –
जो पहले से ज़्यादा सच्चा था।

अब जो हूँ – वो मैं हूँ –
पूरा, मुकम्मल, अपना –
न किसी की नज़र का मोहताज –
न किसी की तारीफ़ का भूखा –

बहुत भटका — पर घर आ गया —
और यह घर कोई मकान नहीं —
यह घर मैं ख़ुद हूँ —और इस घर में —
अब हमेशा —रहूँगा।

www.ingramcontent.com/pod-product-compliance
Lightning Source LLC
LaVergne TN
LVHW050829051026
849532LV00008B/3193
* 9 7 8 9 3 7 5 4 3 7 6 5 9 *